실루엣 감별법

실루엣 감별법

2025년 8월 12일 초판 1쇄 인쇄
2025년 8월 20일 초판 1쇄 발행

지은이 | 오정순
펴낸이 | 孫貞順

펴낸곳 | 도서출판 작가
　　　　(03756) 서울 서대문구 북아현로6길 50
　　　　Tel | 02)365-8111~2　Fax | 02)365-8110
　　　　Mail | cultura@cultura.co.kr
　　　　Homepage Address | www.cultura.co.kr
　　　　등록번호 | 제13-630호(2000. 2. 9.)

편집 | 손희 김치성 설재원
디자인 | 오경은 이동홍
마케팅 | 박영민
관리 | 이용승

값 15,000원

한국디카시 대표시선

29

오정순 디카시집

실루엣 감별법

작가

삼라만상이 말을 건다.

안 들을 수가 없다.

그 말을 찍으며 들숨하고 언술을 입혀 날숨하여 디카시의 한 호흡을 완성한다.

내게 있어 디카시는 채움과 비움을 반복하는 삶의 도구다.

무수한 매체를 통해 내면 작업을 이어왔지만 미술치료와 가장 흡사한 성격을 지닌 디카시 창작 과정이라 디카시 창작에는 내적 안정과 치료와 교정으로 이끄는 힘이 있다.

주기적으로 비워내는 내 가슴에서는 언제 들어도 관악기 소리가 들리기를 꿈꾸며 디카시 사랑의 전설이 되고 싶다.

2025년 7월
오정순

제2부

제3부

제4부

제1부

디카시 한 편

한 문장 끝에
느낌표 하나로
이르고 채웠다

낙화, 詩

맑거나 뜨거운 시의 시간

짧게 머물던 시, 나비 떼로 날다

어느 가슴에 안착할까

봉은사의 봄

벙근 두 송이 꽃
머금은 백화보다 향기롭다

자연 책

볼 때마다 신간
만년 베스트셀러

설묘화

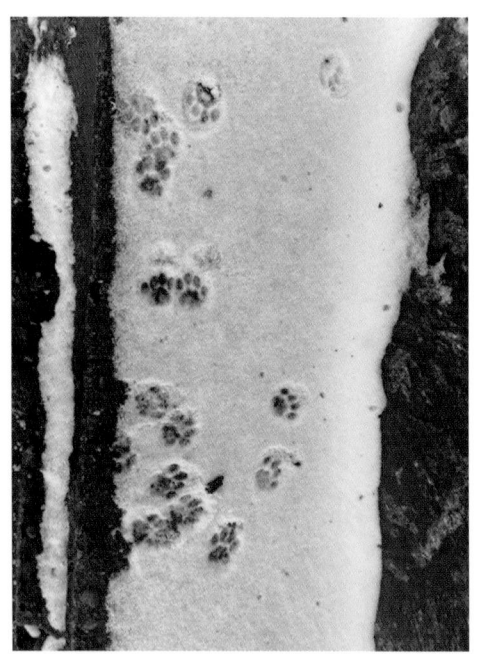

눈이 오면 다녀간 자리마다 꽃이 핀다

봄을 기다리는 사람에게 잘 보이는 꽃
마음 갈피에 압화로 남겨두는

부분 집합

인연 지었다고
전부를 이해할 수는 없지

이 만큼만 공유해도
긍정적 관계 이어갈 수 있지

일용할 양식

날마다 어김없이 배달되는
영육의 양식

제 시간에 깨어 입 벌리는
네 삶이 귀하다

먼지의 색

나오고 들어가서
성과 속, 색이 다른 먼지 털고
들어가고 나오리라

빗발치다

숨어 울다 혼자 말리는 슬픔은
이해 받지 못하고 깊어지지만

그치지 않는 슬픔도 조명 받으면
보고 흘려버릴 수 있지

불청객

명품 인생이라 소문난 회장님
기별없이 치매 손님이 오시다

길 잃고 헤매다 혼란스러워
오도가도 못하고 저리 멍하다

품 안의 자식

늦둥이 귀여워 오냐오냐 키웠더니
벗어나는 게 꿈이라고
정 마를 날 기다린다

바람 재채기 한 번에 떠날

믿음

굴러다니는 돌의 합체

부처로 보이면 부처이고
돌로 보이면 돌이다

합격 통지서

고시촌 공부 벌레들

갈색 트레닝복 벗고

선비 옷 입다

시의 무덤

한 해에 쏟아진 시 쓸어 모아

정지용 김소월 박목월

시비 곁에 안치하다

기적적 생환

곱진 못해도
살아난 보람에
희열로 가득한 봄

피조물의 일부는 귀티가 난다

해 뜨기 전에
까맣게 변장해야 할 운명이다

지금 순간 포착 하지 않으면
인류에게 온 귀티란 선물을 놓친다

제2부

길거리 캐스팅하다

가을이란 작품
주인공 찾느라 고심하다가
한 짐 덜었다

운명아 나 좀 도와다오

빗속이라 미끄러워
한 손 놓치고 말았다

골든타임 두 시간

자기애

영육의 나신을 보다
굽이져 살아도
보는 세월 마음에 든다

사랑이 하트인 이유

행여 너의 밥 길 막을라

내 몸 구부려

길 넓히는 중이다

고아

수술에 실패한 냉장고
장기 기증하고 돌아가시다

가족들 정신 썩지 않게 보듬고 다독거리던
부모 돌아가신 후
누구네 자식들도 저렇게 버텼으리라

봄이란 묘약

겨울에 보던 사장님이
봄에 날 보더니
발모제 광고 찍자고 한다

트라우마

날개 다친 후
무엇이든 머뭇거려진다

그래, 처음부터 날개 없이 산
어떤 생에 대해 생각해보자

복사꽃 알고리즘

얼굴에 복사꽃 핀다고
난롯가에 가지 말라던 교생 선생님

말뜻 알아들은 여고생
속 마음 한 겹 열었다네

생의 보고

목마르고 숨 턱턱 막혀도
꼭 이르고 싶었습니다
저로서는 최선입니다

내적 조련의 달인

경험 줄 당차게 잡고
능숙하게 끌고 가는 생

본능이 화나지 않게
먹이고 쉬기를 반복하니
엉기지 않고 리듬을 탄다

네 자매

막내 따돌리고
가을 콘서트 가는 날

망 보다 합류하는 스릴이라니

아직은 꽃밭

몇 번의 산을 넘어야
진정한 어른이 되는지
미리 알 필요는 없다

지금 잘 논 힘으로 산도 넘는다

때론 슬픔도 고마워

너에게 슬픔이 닥치지 않았다면
나는 네가 나무 같은 사람인지
몰랐을 거야

하얀 폭력

설탕처럼 내려 쌓이는 칭찬이
가스라이팅인 줄도 모르고
굽어지내며 정서적 노예가 되다

남은 보아도 자신은 못보는

봄날을 물다

지난 겨울 눈 닮은 그대
만나기를 기다렸다

포근한 봄날
그리던 이상형을 만나다

펭귄의 봄

애야 옷 갈아 있고 봄마중 가자

엄마, 봄이 왜 이래요

글쎄다 나도 모를 일이다
동장군 뒤끝이 좀 심하구나

제3부

가발

약점을

절묘하게 들추어내는

그대 이름은 바람

불사의 모성

무릎을 꿇을 수는 있어도
차마 고개를 떨굴 수는 없었다

못다 삭힌 정신의 끝텅으로
자식들이 살 세상 먼저 녹이는

여름 송별식

폭염으로 다스리시던 여름 어르신
떠나시는 날 모두가 고개 숙이다

짜증내며 투덜거린 사람이
더 깊게 숙여 인사를 하다

추억의 파스타

맛있고 멋있고 뜻있는 한 끼 식사

봄표 면발에
셰프의 솜씨가 일미인데
담아내는 그릇 덕에 특 별미로다

레마*

울퉁불퉁한 삶에 아로새겨진
생명의 말씀

점묘화로 인화되다

* 개인에게 생명으로 온 말씀

지하로 통하는 소통구

잡으려 해도 잡히지 않는 웅웅거림에서
어른 아이의 칭얼거림을 듣다
터 팔고 서러웠던 아이의 소리다

유년의 마음 자리, 딱지 하나 떨어지다

어떤 아버지

가족은 날개라고 애틋해 하더니
생떼 같은 자식 하늘 보내고
흐려진 숨 놓고 따라 가다

전조 증상

집착은 냉찬 인생에서 비롯되었다

삶이 따뜻해지면서
놓여날 길이 보인다
이제부터 시작이다

나도 꽃이 되다

단청이 곱다한들 홍매만 하랴

덥석 안기는 향기 보듬고
눈 껌벅이며 온 몸에 매화 새긴다

눈 감고 보니, 나도 매화나무

내 이름은 장마

택일 할 수도 없고
멈출 수도 없어
폭우 속에서 태어났어

아흔여섯 번째 봄

언제 죽을 거라니
왜 안 데려가신다니
다시 또 봄
어머니 볼에 당도하다

두 줄 문장

촉촉하게 스며든 감성

육화 되었다가

흘러나온

종이 경작지

사이버 밭에서는 실감할 수 없는 농심
속도를 낼 수 없는 영농 기술로
기를 못 펴는 현실

성직자

흠집 탓하지 마오

나도 사람이요

내가 가리키는 쪽만 보고 가시오

시인의 귀

항상 어둡고 메마른 세상은 아니다

비 오기 전 신경통 환자처럼
세상 변화 몸으로 알아채고
갓 깨어나는 생명의 소리 듣는

홀로 무대

밤낮 가리지 않는다
마침표 찍으면 무대에 올린다

삼라만상이 관객이고
하늘만 열려 있으면 내 몫을 한다

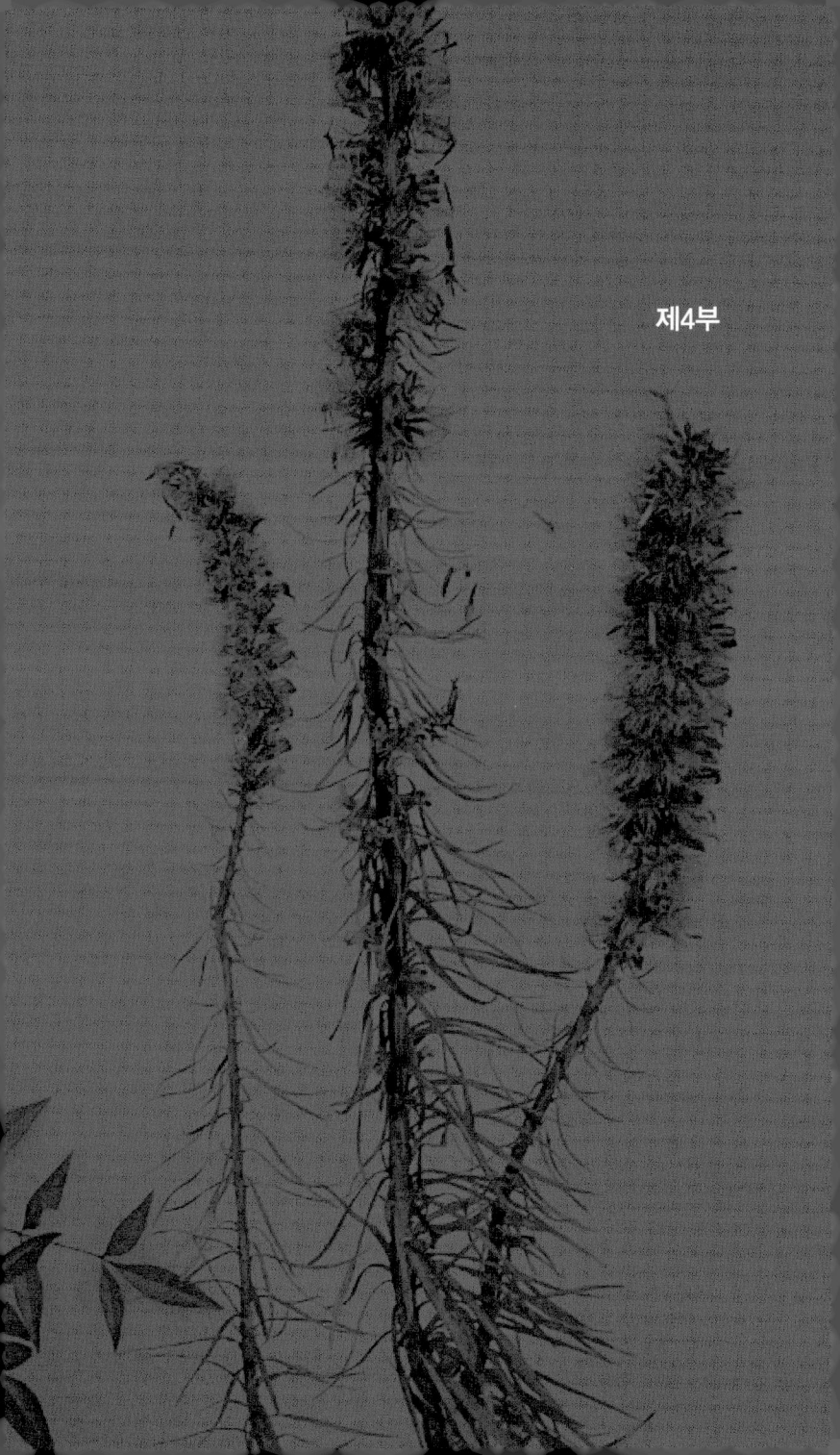

제4부

하늘 사거리

어디론가 이동하는 정보 통신로

마음이 부딪쳐 흰구름 먹구름 피어나고

생각이 부딪쳐 천둥경이로움, 번개깨달음 번득이는

인격 향로

눈 비 바람 햇빛 만나면서
시나브로 상처 다 삭혔다

자신을 이긴 속에서는
향내가 솔솔 풍긴다

살아있는 시

탄탄하게 쌓은 인문학을 배경으로

자음 ㅅ과 모음 ㅣ 사이에

생명을 품어 꽃 피우다

난세

칼 바람에 휘둘리다 대피소 들어가야 할 정국
안정권에 들기 위해 좌 우 다른 발로 담을 넘는다
등 돌리고 서로 고집하는 현실의 아이콘이라니

남이란 거울

누가 흘린지 모르는 말을 본다
반응 보면 묻지 않아도
분위기 알 수 있지

실루엣 감별법

아무리 변장해도 소용없다
배고픈 자의 관찰을 이기지 못한다

해질녘 측면을 살피는 건
배고픈 예술가의 소재채집법이기도 하다

평등이 오고 있다

아직은 진행 중

해의 축복을 받고 날면
담벼락 출신이든
숲 출신이든 같아지지요

오늘 밤은 외롭지 않겠군요

누군가가 흘금 쳐다보더니
뭐라뭐라 쓰고 간다
달과 별을 번갈아 품던 그대

왜곡

굴곡진 자리에 반영된
'카더라' 정보의 끝없는 변주

진실이라 말하는 허위 한토막, 여기 있다

갈등 국면

인생 길 산책 중이다

이성이와 감성이의
욕구가 달라서
잠시 멈추어 서다

소식 좀 전해다오

떫은 감 나무 아래서
너만 있으면 세상이 달달했지

지금 달달하게 익은 감나무 아래인데
네가 없어 세상이 다 떫다
너는?

모두의 첫 기억

그 자리가 있어 오늘까지 왔습니다
살 부빈 기억으로 살아냈습니다

그 세월 바라보다가 울어버렸습니다
하나를 낳든 열을 낳든 세상 엄마는

멋진 파트너

무심을 배경삼아 준비한
예술가 부부의 가을 무대

개성이 달라서 같이 빛나는

객관화

삶을 꽃피워
무대에 올려 조명해보다

어느 70대의 초상

당당하게 지탱할 수 있고
성근 만큼 옹골지게
누릴 수 있지

남은 은총 몇인가 셀 수가 없구나

마디 짓기

살아온 날들 떨궈내고
한 해 끝구간을 달린다

눈부시게 밝히고 출발해도
생의 뒷모습은 저 미등 같더라

강소强小와 명징明徵의 디카시

— 오정순의 『실루엣 감별법』에 붙여

김종회(문학평론가, 한국디카시인협회 회장)

1. 오정순이 디카시에 이르는 도정

오정순은 전남 광양 출생으로 1993년 계간《현대수필》을 통해 작품활동을 시작했다. 그동안 『그림자가 긴 편지』, 『엄마가 웃었다』 등 10여 권의 수필집을 상재했으며 수필문학대상을 비롯하여 여러 차례의 문학상을 수상한 바 있다. 이처럼 다양한 재능과 신실한 품성을 바탕으로, 그동안 수필 및 디카시 창작 지도를 해왔다. 사실대로 말하자면, 필자는 이 수필집의 출간과 상관이 있다. 오래 전에 받아 놓고 제대로 읽지 못했던 그의 디카시집 『무죄』를 다시 읽으면서, 그 영상 포착과 시어 산출 기량에 괄목상대하며 놀랐던 터이다.

그런 연유로 그에서 적층積層된 디카시의 분량이 있음을 듣고, 두 번째 시집 출간을 권유하게 된 것이다.

디카시를 구성하는 오정순의 사진은 피사체의 포인트를 단출하고 강렬하게, 그리고 맑고 선명하게 포착한다. 그런가 하면 여기에 결부된 시어가 언어의 군더더기를 모두 걷어내고, 요점적이면서 명료하게 진술된다. 그는 디카시가 담보해야 할 상징성과 압축성의 문맥을 잘 수납하여 이를 명념銘念하고 있는 시인이다. 그러기에 그의 디카시를 해명하는 이 글의 제목을 '강소와 명징의 디카시'라고 붙인 것이다. 시인은 서두 〈시인의 말〉에서 '삼라만상이 말을 건다'라고 썼다. 엄밀히 말하자면 시인의 촉수가 삼라만상 어디에 가 닿아도 감각적 반응을 촉발한다는 뜻이다. 그로써 자신의 디카시에 이르는 과정이 시발된다면, 그는 무척 행복한 시인이다. 그 행복은 마침내 그를 스스로 추구하는 '디카시 사랑의 전설'로 인도할 것이다.

2. 경물의 본질을 도출하는 맑은 시

사물의 외형과 내면을 구분하여 심층적 의미를 구명究明할 때 현상과 본질이란 용어를 쓴다. 현상은 사물이나 어떤 작용이 드러나는 바깥 모양새를 말하고, 본질은 사물을 그 자체이도록 하는 고유한 성질을 뜻한다. 디카시가 사진을 제시하고 그에 대한 설명을 덧붙이는 것이 아니라, 사진의 영상 기호가 내장內藏하고 있는 근원적 핵심에 육박하는 것이라면, 디카시야말로 현상과 본질의 조화로운 만남이라 할 것이다. 오정순의 디카시는 이 엄엄掩掩한 관계성의 방정식을 잘 이해하고 있다. 그러므로 그의 시는 범상한 눈에 잘 안 보이는 경물의 본질을 도출하고 이를 시화詩化하는 데 능숙하다. 1부의 시 가운데 「디카시 한 편」의 공간 해명이나, 「자연 책」의 호활한 의미 부여가 그 실례에 해당한다.

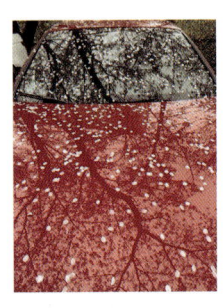

맑거나 뜨거운 시의 시간
짧게 머물던 시, 나비 떼로 날다

어느 가슴에 안착할까

　　　　—「낙화, 詩」

　승용차의 앞 유리창과 보닛에 꽃이 떨어져 무슨 점묘화의 그림이 된 듯하다. 짐작건대 벚꽃의 낙화가 아닐까 싶다. 유리창은 연청색이나 차체는 암갈색이다. 그러니 자연히 보색補色의 조화를 이루었는데, 이 광경을 렌즈로 잡은 관찰자의 눈이 절묘하다. 상황이 여기에 이르고 보면 꽃잎의 낙하와 안착이, 짧게 머무는 시가 되고 떼지어 나는 나비가 되는 것은 순식간의 일이다. 시인은 이를 '맑거나 뜨거운 시의 시간'이라고 명명命名했다. 낙화에서 시를 얻은 시인은 허다하다. 조지훈이 「낙화」에서 보여준 '꽃이 지는 아침은 울고 싶어라'

나, 이형기가 「낙화」에서 보여준 '가야 할 때를 아는 이의 뒷모습은 얼마나 아름다운가'는 지금도 인구人口에 회자膾炙하는 절창 한 구절이다. 오정순은 이 낙화를 두고 '어느 가슴에 안착할까'를 물었다.

고시촌 공부 벌레들
갈색 트레닝복 벗고
선비 옷 입다

—「합격 통지서」

　여름 한 철에 가끔 볼 수 있는 광경이다. 매미 세 마리가 허물을 벗었는데, 두 마리는 창천을 향해 날아갔는지 한 마리만 굵은 눈알을 곤두세운 채 아직 그 자리에 남았다. 익히 알려진 바와 같이 매미는 여름날 불과 15일에서 20일을 살겠다고, 땅속에서 유충으로 무려 7년에서 17년을 기다린다고 한다. 이 기상천외한 기다림의 날들이 현실이고 보면, 매미의 환골탈태는 온 우주의 칭송을 받아야 마땅한 사건이다. 이러한 인고忍苦의 도식이 어찌 꼭 매미에게 국한된 일일까. 우리가 비싼 인생 수업료를 내고 감당하는 인간사의 한 국면이기도 한 것을. 시인은 이들을 '고시촌 공부 벌레들'에 비견하여, 일 옷을 벗고 선비 옷을 입었다고 상찬賞讚했다.

3. 예리한 관찰력과 정문일침의 시

지구상에 살고 있는 하고많은 곤충들의 관찰을 기록으로 남긴 책이 『파브르의 곤충기』다. 곤충의 이름과 생태를 아는 것은, 그 생장生長 과정에 대한 끈기 있고 주의 깊은 관찰에서 비롯된다. 시 또는 디카시에 있어서도, 한 편의 수발秀拔한 작품을 얻는 곳에 이 관찰의 시간이 없이는 무망無望한 노릇이다. 기껍고 흔연하게도 오정순은 이 대목에 탁월한 장점을 가진 시인이다. 사물의 내포적 층위를 검색하는 그의 눈은 맑고 도전적이며 웅숭깊다. 말하자면 타고난 디카시인의 소질이 흥왕하다는 뜻이다. 2부의 시 가운데 「트라우마」에서 견인한 '날개 없이 산 어떤 생'이나, 「펭귄의 봄」에서 소화기 둘로 형용한 펭귄의 '봄 마중' 대화가 특히 그렇다.

겨울에 보던 사장님이
봄에 날 보더니
발모제 광고 찍자고 한다

―「봄이란 묘약」

봄은 언제 어디서나 기사회생의 묘약이다. 저 멀리 뒤편으로 보이는 마른 숲에서도 연초록 새 움의 기지개가 보이고 있으나, 눈앞 화강암 바위를 덮고 있는 푸른 잎새들은 새봄의 힘찬 약동을 그대로 보여주는 듯하다. 봄을 일러 청양淸陽 또는 목왕木旺이란 별호로 부르는 것이 매우 합당함을 이 한 장의 사진이 증거 한다. 그런데 여기에 이 시인만이 언표言表 할 수 있는 유머와 위트 한 자락이 있다. 그 푸른 잎새를 머리, 그것도 대머리를 덮어가는 머리카락으로 치부하는 시적 언술이다. 그러고 보면 그 표현이 자못 합당하여 고개를 주억거리게 한다. 한 걸음 더 나간 시인은 '겨울에 보던 사장님'이 '발모제 광고'를 찍자고 한다는 것이 아닌가. 민머리를 덮는 모발로서 봄의 묘약이 참 그럴 듯하다.

몇 번의 산을 넘어야
진정한 어른이 되는지
미리 알 필요는 없다

지금 잘 논 힘으로 산도 넘는다

—「아직은 꽃밭」

밝고 푸른 하늘과 산 그리고 들판이 한가롭고 고즈넉하다. 들판에는 여러 빛깔의 꽃이 풍성하고, 어린아이 둘이 꽃밭을 들여다보고 있다. 이토록 정겹고 목가적인 풍경을, 우리는 어디서 많이 보았다. 얼핏 윌리엄 워즈워스가 무지개를 노래하는 시 한 편을 들려줄 것도 같다. '어린이는 어른의 아버지!' 시인은 내심 이 어린이들이, 그리고 우리의 모든 어린이가 '몇 번의 산'을 넘어 '진정한 어른'이 되는 길을 가야 한다고 예견

한다. 그리고 그것을 미리 알 필요는 없으며, 지금 '잘 논 힘'으로 산도 넘는다고 단정한다. 그렇다면 그가 방점을 두고 있는 지점은, 미래에 만날 어른의 날이 아니라 지금 여기 어린이들의 현재다. 미상불 현재present는 누구에게나 선물present이다.

4. 원시와 문명의 종횡무진한 행보

현재 우리의 목전에 있는 모든 것은 당연히 과거로부터 왔다. 그 과거의 끝 저편에 원시시대가 있다. 미래학자 버크민스터 풀러는 "인류 지식의 총량이 두 배가 되는데 현재로서는 13개월이 걸리지만, 2030년대에는 3일로 단축될 것이다"라고 했다. 이 주장에 의거해서 보면, 오늘도 어느 순간에 급격히 어제의 원시가 될 수 있다는 가정이 가능하다. 그러나 우리가 이 글에서 언급하는 원시는 오정순의 디카시에서 발견할 수 있는 원시적인 풍광과 경물에 상관되어 있고, 그것을 백일하에 드러내는 문명적 시각에 연동되어 있다. 그렇게 말해도 무방할 만큼, 이 시인은 초목의 형상과 생태에 대해 잘 아는 형편이다. 일찍이 공자도 『논어』〈양화편〉에서 시인이야말로 조수초목鳥獸草木의 이름을 많이 알게 된다고 하지 않았던가. 3부의 시에서 「나도 꽃이 되다」의 홍매와 단청, 「종이 경작지」에서 묵은 서책과 영농 기술 등이 양자 간 시적 대비의 구도를 잘 나타낸다.

폭염으로 다스리시던 여름 어르신
떠나시는 날 모두가 고개 숙이다

짜증 내며 투덜거린 사람이
더 깊게 숙여 인사를 하다

　　　　　　　　　　—「여름 송별식」

　여름의 산과 하늘, 무논과 농로의 풍광은 우리가 어린 시
절에 익숙하게 보던 바다. 그 중동을 가로지르며, 필시 해바
라기일 듯한 장대 식물이 고개를 숙이고 서 있다. 시인은 이
그림의 시점을 '폭염으로 다스리시던 여름 어르신 떠나시는
날'로 설정했다. 그래야 고개 숙인 해바라기의 작별 인사가
무색하지 않은 까닭에서다. '여름'을 '어르신'으로 공경하는
처신은, 자연 앞에 겸허한 시인의 마음을 담았다. 그런데 이
와 같은 인사에도 태도가 있고 격식이 있다. 시인은 "짜증 내
며 투덜거린 사람이 더 깊게 숙여 인사를 하다"라고 발화함
으로써, 사물과 사람을 하나의 꿰미로 묶어낸다. 참 볼품 있
는 송별식이다.

밤낮 가리지 않는다
마침표 찍으면 무대에 올린다

삼라만상이 관객이고
하늘만 열려있으면 내 몫을 한다

　　　　　　　　　　—「홀로 무대」

원시림 그림 한 폭 같은 숲 안자락에 의연히 자리 잡은 공연 무대가 있다. 나뭇잎의 빛깔을 보면 늦여름에서 초가을로 넘어가는 길목이다. 놀라운 사실은 이 원시 무대, 언필칭 '홀로 무대'의 어깨 너머로 첨단 도시의 고층 건물이 줄지어 있는 구도다. 양자 대비의 심층적 의미망을 구성하고자 한 사진이라면 썩 잘 된 포커스다. 이 수준의 사진이라면 애쓴 발품이기보다 아예 은혜로운 선물의 결과다. 시인은 밤낮 가리지 않고 마침표 찍으면 무대에 올린다고 한다. 도대체 무엇을? 삼라만상이 관객이고 하늘만 열려있으면 내 몫을 한다고 하니, 이 무대의 공연은 오랜 좌충우돌의 행보 끝에 깨달은 인생사의 비의秘義를 말하는 것이 아닐까. 어쩌면 시인 자신에게도 하나로 귀결된 정답이 있기 어려운 문제다.

5. 시와 삶을 반사하는 잘 닦인 거울

불세출의 문예비평가 M.H.에이브럼스는, 지금은 고전이 된 비평집 『거울과 램프』에서 사물을 반사하는 거울과 스스로 빛을 내는 램프의 중층적 의미를 문학의 해명에 활용했다. 이때의 거울은 개인이나 공동체적 경험의 성과를 반사하고 또 반성적으로 성찰하게 된다. 우리의 디카시인 오정순 또한 시의 거울에 반사된 사물 또는 그 경험의 존재 값을 충일하게 이해하고 수납한다. 당연히 그 역순의 반영 또한 가능하다. 이렇게 본다면 시인에게 시의 거울이 있다는 다행을 쉽사리 간과할 수 없다. 시인은 4부의 시에서 「하늘 사거리」를 통해

'정보 통신로'를 매설하고, '천둥경이로움'과 '번개깨달음'을 얻는다.「객관화」에서는 넓은 판 배경에 올라선 꽃송이를 두고, 삶을 꽃피워 무대에 올려 조명한다고 강변剛辯한다.

누가 흘린지 모르는 말을 본다
반응 보면 묻지 않아도
분위기 알 수 있지

―「남이란 거울」

실내 바닥 탁자와 의자 아래에 비친 불빛으로 미루어 짐작하자면, 유흥을 동반하는 업소인 것 같다. 사람의 그림자 없이 적요한 형국이니, 영업을 모두 마쳤거나 기다리는 중이거나 둘 중 하나다. 그런데 시인은 이 사진의 때와 곳을 대하여 일언반구 내비치지 않는다. 다만 시의 첫 행에서 '누가 흘린지 모르는 말을 본다'라고 한다. 거기에다 이 시의 제목이 '남이란 거울'이다. 그러므로 반사되어 비친 이 자리의 풍정風情을 보고 알아서 유추하라는 것이다. 나머지 두 행의 시 역시 '반응을 보면 묻지 않아도 분위기 알 수 있지'라고 눙치고 간다. 거울은 어느 경우에 있어서나 자체발광自體發光의 램프가 아닌, 반사광에 의해 자신을 비추어 보게 하는 타자他者이자 남이다. 그런데 그 남은 나보다 유익할 때가 많아서, 예로부터 모범이나 본보기를 거울이라 불렀다.

당당하게 지탱할 수 있고
성근 만큼 옹골지게
누릴 수 있지

남은 은총 몇인가 셀 수가 없구나

—「어느 70대의 초상」

이 사진에서 어느 누가 70대란 말인가. 사람의 연령을 측정할 재료나 측정의 대상이 될 존재는 어디에도 보이지 않는다. 대신 홍성하게 가졌던 잎의 7할을 떨구고 나목裸木으로 향하고 있는 은행나무가 있다. 시인은 여기에 칠순의 연륜을 매겼다. 일찍이 『논어』에는 열다섯에서 예순에 이르는 나이 호명법이 있었고, 칠십을 '종심從心'이란 용어로 표현했다. 두보의 시「곡강曲江」에 '인생칠십고래희人生七十古來稀'란 구절이 있지 않던가. 시인은 이 낙엽의 경과에 대해 '당당하게 지탱할 수 있고 성근 만큼 옹골지게 누릴 수 있지'라고 평가한다. 그리고 남은 잎의 숫자를 '남은 은총'이라고 비유한다. 은행 잎 지는 창가에서, 시인은 인생 시계의 계산법을 소환했다.

이제까지 우리는 두 번째 디카시집을 내는 오정순의 시 세계를 정성을 다해 살펴보았다. 이 시집 가운데는 이 글에서

거론하지 못한 좋은 시들이 기실 '지천으로' 널려 있다. 그는 시나 사진 양자에 걸쳐 부연 설명이 필요한 사태를 용납하기 싫어한다. 문제의 핵심을 향하여 거두절미하고 달려드는 시, 그리고 그 기세로 정문일침頂門一鍼의 효과를 도모하는 시가 그의 것이다. 좋은 시집이란, 그 시집에 수록된 시 모두가 좋아야 하는 것이 아니다. 정말 좋은 시 몇 편을 발견할 수 있으면 그렇게 불러도 된다. 김소월이나 한용운, 박목월이나 조지훈의 시집도 여기서 예외가 아니다. 그런 요량으로 강조하여 말하자면, 오정순은 참 좋은 시집 한 권을 내놓았다. 시인에게 진진津津한 축하의 말과 더불어, 더 좋은 시의 창작에 새 힘을 섭생하는 계기가 되기를 간곡한 마음으로 축원한다.